LE LIVRE DE RAISON

D'UN

BOURGEOIS DE LYON

Au XIVᵉ Siècle

LE LIVRE DE RAISON

D'UN

BOURGEOIS DE LYON

Au XIVᵉ Siècle

TEXTE EN LANGUE VULGAIRE

(1314-1344)

Publié avec des Notes

PAR

GEORGES GUIGUE

Élève de l'Ecole des Chartes

LYON

CHEZ METON, LIBRAIRE-ÉDITEUR

35, rue de la République, 35

1882

AVANT-PROPOS

N fouillant, l'année dernière, dans les Archives' départementales du Rhône, j'eus la main assez heureuse pour trouver, au milieu de papiers mis au rebut depuis de longues années, un feuillet de Livre de Raison (1), du xiv⁰ siècle, intéressant comme paléographie, car, bien que d'assez belle écriture, il était évidemment écrit par quelqu'un dont le métier n'était pas d'écrire ; intéressant comme langue, car ce n'était déjà plus le langage de nos

____

(1) On entendait par Livre de raison, au moyen âge, une sorte de registre sur lequel un père ou une mère de famille consignait, alors qu'ils se produisaient, les événements qui les intéressaient tout particulièrement, surtout les naissances, les mariages et les décès de leurs enfants et de leurs proches, ainsi que les actes mémorables de leur vie.

vieilles chartes et de nos chroniques. Mais ce fragment, si curieux qu'il fût, ne pouvait guère servir
qu'aux érudits; ce qu'il contenait était par trop
incomplet pour fixer l'attention de tout le monde;
néanmoins, M. Jules Quicherat, le regretté direc-
teur de l'Ecole des Chartes, fit faire du feuillet un
fac-similé pour les cours de philologie et de paléo-
graphie; c'était lui donner la publicité qu'il pouvait avoir.

Dernièrement il fut retrouvé un second feuillet, un
troisième bientôt, un quatrième enfin; ce n'est point
là le Livre de Raison complet, mais c'est une partie
déjà assez importante pour piquer la curiosité. Ces
quatre feuilles de gros et fort papier nous donnent
un aperçu bien curieux de la langue parlée de notre
vieux Lyon dans la première moitié du XIV°
siècle.

Les scribes écrivaient plutôt une langue en
quelque sorte officielle, langue qui, de nos jours
encore, diffère assez profondément de l'usuelle. Le
père de famille, à qui nous devons ce fragment de
Livre de Raison, a écrit la langue parlée, la langue
qu'il entendait chaque jour ; il écrit les sons qui le
frappent sans s'astreindre à des règles; ses mots
sont coupés, scindés, hâchés, c'est une sorte de no-
tation musicale; ainsi : *la velli de la parisiun, de
falit, de fenit, en se gant.* Nous n'avons point
conservé ces formes car, peut-être, auraient-elles
nui à l'intelligence du texte. Il faut encore remar-

quer l'emploi de l'*r* dans le corps des mots : *fra-rors, povrors, Crirt, perdrirs* ; l'*r* est aussi remplacé par *l*, comme dans *Quatelina* ; l'*a* féminin final est à peu près constant ; c'est, d'ailleurs, un des caractères du dialecte lyonnais de conserver l'*a* latin. Enfin, l'*o* masculin final se rencontre fréquemment au lieu de notre *e* muet actuel, ce qui viendrait confirmer la thèse du grammairien Palsgrave (1) qui disait que notre *e* muet final se prononçait un peu comme un *o*.

Notre petit document n'est point seulement intéressant au point de vue philologique, il a quelque chose de plus ; il soulève un coin du voile épais qui nous cache la vie privée de ceux qui nous ont précédés, il nous fait voir les trois grandes pha-

---

(1) Palsgrave, grammairien anglais, mort en 1554, s'exprime ainsi dans son *Esclaircissement de la langue Françoyse :*

.... « Shall he in that place be sounded almoste lyke an *o* and very moche in the noose, as these wordes, *homme*....... shall have theyr laste *e* sounded in maner lyke an *o*, as *hommo*....... ; so that, if the reder lyft up his voyce upon the syllable that commeth nexte before the same *e*, and sodaynly depresse his voyce whan he cometh to the soundynge of him, and also sounde hym very moche in the noose, he shall sounde *e*........ accordyng as the Frenchemen do. » — V. Ch. Thurot : De la prononciation française depuis le commencement du xvi° siècle........ T. I. p. 163. Il faut aussi remarquer que de nos jours encore les gens de la campagne lyonnaise, prononcent, en parlant français, notre *e* muet comme une sorte d'*o*.

ses de la vie : la naissance, le mariage, la mort et, on peut l'ajouter comme époque marquant dans la vie d'un jeune homme, un grand voyage.

Pour le baptême, trois, quatre, cinq parrains et autant de marraines ; chacun apporte son cadeau, qui un *flurin d'or*, qui des *gélines*, qui un *anel d'or* ; c'est donner à l'enfant des protecteurs dans la vie et lui procurer aussi des cadeaux dès son premier jour. Dans ces lignes pourtant si concises, l'auteur semble s'étendre avec bonheur sur la naissance de ses enfants, il a bien garde d'oublier un *compare* ou une *commare*, il rappelle par là les obligations auxquelles ils sont tenus envers leur filleul ; mais quand la mort a frappé, une petite ligne bien triste : *El defalit en la quareima après. — Et defenit el meis de Ot, ensegant el plaiꝛir de Notron Seiñur.* Cette ligne ne dit-elle point avec éloquence la douleur du père et sa résignation ?

De la solennité religieuse du mariage, pas un mot ; peut-être ces frais ne concernent-ils point le [père de la jeune fille ; peut-être est-ce un oubli ; mais les frais des nocés proprement dites sont au complet : *So sont les mesiuns que jo ai fait por les noses.* Suit une longue liste des frais les plus divers : une livre de *confit*, 15 sous Viennois, six *perdrirs*, deux *vacherins*, les chandelles de cire, le prix des voitures, les gages des valets, les étrennes *dou minguo et de la sirventa* (des chausses, même à la servante), cinq aunes de *quamelin* de *Bruisella*, cinq aunes de *quar-*

lata prises chez *Bartolomeu Lovito,* les fourrures, etc., et surtout les frais *por paim et por vin et por cher et por peisun et por bella chera.* C'était là la grande affaire, comme cela est encore la grande affaire dans nos campagnes, où la noce dure tant qu'on peut boire et manger. Ce sont bien là des traits de mœurs, et il faut encore ajouter cette longue file de 49 chevaux, qui emmènent les nouveaux mariés de Lyon à Belleville ; et encore l'observation d'un antique usage consacré par les canons. Le mariage est célébré le jeudi avant la Chandeleur, nous apprend le père, et plus loin il ajoute : *furon epus lo jos* (jeudi) *aprers la Chandeluʒa ;* une semaine après son mariage la jeune mariée était donc encore jeune fille. Il est inutile à ce sujet de rappeler l'histoire bien connue de Tobie.

L'enterrement va nous faire connaître aussi quelques détails curieux ; de ces vieilles coutumes quelques-unes sont restées, d'autres ne sont plus ; il en est pourtant de bien touchantes, que plus d'un, de nos jours, voudrait voir subsister. Tout d'abord l'auteur parle des frais d'ensevelissement, d'enterrement, des aumônes qu'il a données, des legs et dons, mais bientôt l'héritier prend le dessus et suit alors un inventaire de ce que laisse la morte : *So sont les parties dou garniment mi don Bonamur, cui Dieus perdunt. — So sont les parties que Tevenins mos frares a eu que jo ai la meitia ;* et dans le *garniment* il a soin de ne pas oublier la *quasi friouri* (poële à frire), pas plus que les marmites. Dans cet inventaire il est question de quarante chemises données aux pauvres ; le peuple en portait donc tout comme les nobles, chose contestée bien longtemps, ce n'est que de nos jours, depuis les travaux de M. J. Quicherat (1) que l'on admet ce fait. Nobles, bourgeois et manants portaient chemise, mais avaient soin de la quitter la nuit pour ne point l'user ; elle trouvait place sous l'oreiller(2). Viennent les pierres précieuses : un diamant, une émeraude, deux béryls, un saphir ; chacune avec ses propriétés particulières ; le saphir *bun por enflours*, nous dit l'auteur. Bien qu'il ne parle point des vertus des autres nous pouvons ajouter que le diamant préserve des vaines terreurs, l'émeraude chasse la fièvre demi-tierce, quant au béryl :

Hic et conjugii gestare refertur amorem.

De bericle diʒo li autor
Que val a cosservar l'amor
Entre la molher e l'marit.

(1) *Histoire du Costume en France*, passim. — V. aussi S. Luce, *Histoire de Duguesclin*, t. 1ᵉʳ, p. 75.

(2) Le dominicain Jean Berolt, cite comme un acte méritoire, l'infraction faite à cette règle générale, en certaines heures de leur vie commune, par Thibaud II, roi de Navarre, et Isabelle, fille de saint] Louis, sa femme. Voici ses

Enfin, reste le voyage. Le père envoie son fils à *San Jaquemo de Gualisi,* nous nomme ses compagnons de route, et reste muet quant au pourquoi du pèlerinage. Par contre, il a soin de noter ses dépenses : prix de la selle, des souliers, gages des valets, coût des étoffes et même de leur façon, enfin l'argent de poche qu'il donne à son fils, 20 florins d'or.

D'ailleurs, il faut dire que de tout temps les Lyonnais ont fait force pèlerinages; si, d'un côté, presque chacune des églises de leur ville avait un saint que l'on venait, de loin, implorer, d'un autre, nos pères ne craignaient point, quand ils avaient trouvé inefficaces les vertus de saint Rolin de Thizy (1), d'aller

paroles : « *Regina juvenis et pulchra, que fuit filia Sancti Ludovici, regis Francie, nunquam sine camisia cum viro suo rege Theobaldo jacuit ; nec ille, quamvis juvenis et pulcher, sine camisia et femoralibus unquam jacuit in thoro legitimo cum pudica et legitima sua uxore* » (SERMONES, édition de Lyon, 1495, in-8).

(1) Le plus ancien pèlerinage connu, fait par une personne de la région lyonnaise, auprès du tombeau de saint Thomas Becket ou de Cantorbéry, martyrisé en 1170, fut effectué en 1179 par Pierre des Etoux, chevalier. — Cinq ans avant, le même chevalier était allé implorer, pour ses infirmités, saint Rolin, à Thizy (Rhône, arrondissement de Villefranche-sur-Saône). Dans un acte de 1218 on lit, en effet : *Capellanus de Cors dicit quod ipse vidit P. des Estoz infirmum venientem ad Tisiacum propter virtutes sancti Roolini, et XLIIII anni, et non plus, lapsi sunt.* (Archives du Rhône, titres de Beaujeu).

jusqu'en Espagne, à Saint-Jacques, ou même jusqu'en Angleterre prier saint Thomas de Cantorbéry, qui avait tenu de l'hospitalité lyonnaise une
maison dans le cloître de St-Jean (1) et le château
de Quincieux.

Au bas de l'un des quatre feuillets de notre bour-

(1) Cette maison, qui tombait en ruine en 1382, fut démolie
en vertu d'une délibération du chapitre métropolitain, en
date du 5 novembre de cette année, dont voici les termes :
« Item ordinaverunt dicti domini (Canonici capitulantes) et
voluerunt atque volunt quod quedam domus dicte ecclesie
Lugdunensis vocata de Conturbrery, sita in claustro dicte
ecclesie, ante ecclesiam Sancti Johannis, juxta domum quam
inhabitat dominus Bartholomeus de Bochallia, canonicus
Lugdunensis, a parte venti, et juxta domum que fuit domini
Thome Pignolli, quondam Militis ecclesie Lugdunensis, a
parte Borce, cujus domus Conturberie paries anterior de
novo casu fortuito cecidit, estque residuum dicte domus propter ejus vetustatem et ruinam in periculo omnino cadendi et
disruendi, funditus et omnino disruatur et quod tota materia
dicte domus, scilicet tegule, postes, trabes, lapides sculti et
minuti et quecumque alia materia utilis congregentur et recol-
ligantur expensis operis dicte ecclesie Sancti Johannis et in
dictum opus et in ejus utilitatem, cum fuerit neccesse, et non
alibi exponantur, implicentur et convertantur, prout utilius et
melius fieri poterit ; et quod de et super emolumento dicti
operis solvatur annis singulis perpetuo terminis consuetis,
per rectores dicti operis onus impositum super dicta domo et
quo est quovismodo onerata, quoniam dictum opus dicti
domini ratione predicta ad dictum onus solvendum perpetuo
onerarunt et onerant, solvendum videlicet per rectores dicti
operis illi vel illis cui vel quibus dictum onus debetur et est
solvi consuetum. Datum ut supra. — Juliani. »

geois, quelques mots relatant des créances, des dettes acquittées à raison de la dot de sa fille, et dont on doit dresser acte, ne serait-ce point là une grande analogie avec le livre tenu par le père de famille romain, et le Livre de Raison ne serait-il pas une simple continuation d'un usage antique ?

Ces fragments sont l'œuvre d'un habitant de Lyon ; à chaque instant on trouve désignées les églises lyonnaises, mais l'auteur, quel est-il ? Une seule fois il se nomme, et encore sous son seul prénom : *Item a mes reset li dis Guillames de mei Jaquemin atros c flurins ;* son prénom de Jaquemin, voilà tout ce que nous avons ; il parle de sa mère Tevena, de sa grand'mère Bonamur, de son frère Tevenins, de sa femme Catherine, tous désignés par le seul prénom ; mais, le 11 décembre 1341, il enregistre la mort de son oncle Tevenins del Puci ; est-ce là le nom de la famille ou un surnom appartenant à cet oncle ?

Nous avons été assez heureux pour retrouver dans les *Testamenta,* précieuse collection conservée dans les Archives départementales (vol. 1, fol. 25), le testament d'un certain Guillaume du Puy *(de Podio),* qui, le jeudi avant les Rameaux 1285, lègue à sa femme, Bonamour, trente livres viennoises et le droit d'habitation dans sa maison, sise à Lyon, à l'entrée de Bourgneuf. Après divers legs, il laisse le reste de ses biens à ses deux fils, Etienne, clerc, et

Aymoin (1). Or, dans notre texte, nous trouvons : *Item li a mes paia mos sires Aymonins del Puey XXX flurins.* Cet Aymoin est, selon toute probabilité, le père de notre auteur et le frère de son oncle Tévenin ou Etienne. Le grand-père serait donc Guillaume du Puy, époux de Bonamour, qui eut Etienne, clerc, et Aymoin ; ce dernier marié d'abord à Tevena, est le père de Jaquemin, l'auteur du Livre de Raison.

Ces du Puy sont d'une vieille famille consulaire lyonnaise. Cela seul pourrait donner de l'intérêt à ces quelques lignes de vieux langage ; mais à cet intérêt il faut ajouter le plaisir de voir se dévoiler cette vie intime de la famille, si peu connue, ou plutôt si bien cachée, ajouter enfin l'intérêt qu'offrent

(1) « † In nomine Patris et Filii et Spiritus Sancti. Amen. — Anno Domini M° CC°LXXX^mo quinto, die Jovis ante Ramos Palmarum, ego Guillelmus de Podio, civis Lugdunensis,... timens ne decedam inte.tatus... de mea ultima voluntate tractando et ordinando dispono et ordino in hunc modum... In cimiterio Sancti Pauli Lugdunensis... meam eligo sepulturam... Item volo et precipio reddi et solvi Bono Amori, uxori mee, triginta libras Viennensium, quas pro dote ipsius habui et recepi... Item eidem uxori mee do et lego habitationem domus mee site Lugduni, in egressus Burgi Novi... quandiu fuerit in humanis... Item Laurencie, sorori mee... Item Johannete, sorori mee... In residuo omnium bonorum meorum mobilium et immobilium Stephanum, clericum, et Aymonem, filios meos, mihi heredes universales instituo, etc. » — Ce testament fut publié en 1309.

ces chiffres qui nous donnent le prix de chaque chose, chiffres qui sont une réponse à ceux qui, méconnaissant l'utilité de l'histoire en Economie politique, disent : Nous ne pouvons nous en servir, car elle ne nous fournit pas de documents.

LE LIVRE DE RAISON

D'UN

BOURGEOIS DE LYON

AU XIV⁰ SIÈCLE

'AN de Notron-Segnur M III^c XVI, lo jor de festa san Jut, qui et en Setenbro (1), fut sevelia ma dona Tevena, ma mare, cui Dieus perdunt, et fut lo jos li festa san Jut desus dita.

So sont les mesiuns qui ant ita faites por la dereini volonta mi don Tevenan :

(1) La fête de la Translation de saint Just, évêque de Lyon, se célébrait le 2 septembre, celle de sa mort le 14 octobre.

Premeriment lo jor de son seveliment (1), por los chapelans xii d., et por los clers vii d., et por los clerguns ii d. Soma xl s. v.

Item ou Frarors Pregurs (2), xx s. v.

Item ou Menurs (3), xx s. v.

Item ou Agutins (4), xx s. v.

Item ou Quamelins (5), xx s. v.

Item el reclus de San Sabatin (6), xvi s. v.

Item ou sirors (7) de son seveliment, vii, lib. ix s. v.

Item por los glas (8) de son seveliment, viii s. v.

(1) C'est-à-dire le jour de ses funérailles, de son enterrement.

(2) Les Frères Prêcheurs ou Dominicains, établis à Lyon vers 1218 (V. *Notre-Dame de Confort*, par le P. Ph. Fontalirant, p. 6).

(3) Les Frères Mineurs, ou Cordeliers, établis à Lyon vers 1220. (V. Fodéré : *Hist. des Couvents de Saint-François*, — et Pavy : *les Grands Cordeliers de Lyon*, 1835, in-8º.

(4) Les Augustins établis à Lyon par l'archevêque Pierre de Savoie, vers 1308.

(5) Il s'agit très probablement ici des Carmes, qui fondèrent une maison de leur ordre, à Lyon, en 1291.

(6) Saint-Sébastien, très ancien prieuré dépendant de l'abbaye d'Ainay, réduit en simple recluserie au XIII⁰ siècle. Cette recluserie, qui figure sur le plan scénographique de Lyon en 1562, avait donné son nom à une des portes septentrionales de la ville.

(7) Ne s'agirait-il pas ici du fournisseur de la cire, des cierges brûlés pendant la cérémonie ?

(8) Le glas funèbre, la sonnerie.

Item por sa seputura, xL s. v.

Item por son envliement (1), xv s. v. .

Item por 1 qualiso (2) qui fut balliés à San Pi-
poio (3), lo jor de festa san Tomas, IIII lib. v s. v.

Item por 1 qualiso à l'outar de seinti Katelina qui et à San Loren (4), IIII lib. v s. v.

Item por 1 tersonairo (5) que fit mose Estiens
Forers, xxv s. v.

Item por xLI roba ou povrors Jhesu-Crist,
XIIII lib. v.

Item por xL chemizes, IIII lib. v.

Item à si serour Jaquemetan, xv lib. v.

Item à si serour Guillerman, xv lib. v.

Item à si serour Perenella, x lib. v.

Item à la Sibili, mulier Bejaigui, c. s. v.

---

(1) Probablement l'ensuairement, la mise dans le *voile* du
suaire.

(2) Qualiso, calice.

(3) Saint-Epipoy, très ancienne recluserie située à Lyon,
dans le quartier de Bourgneuf. En 1189 le chapitre métropolitain se désista, en faveur des chanoines de Saint-Paul
de certains droits qu'il avait sur son église. (V. *Obituarium
S. Pauli Lugdunensis*, p. 61).

(4) Saint-Laurent, très ancienne église, contiguë à l'église
collégiale de Saint-Paul, dont elle était en quelque sorte
annexe.

(5) Etoffe de toile solide et grossière. Voir Ducange, *verb*
Tersornum. Les Italiens appellent *Terzone* : « sorta di gros-
sa tela da involgervi le balle, » en français : *Balline*.

Item à Rolet Bejaigui, lx s. v.

So sont les chozes que ma dona Tevena avit :

Item i roba de pers (1) qui fut vendua x lib.

Item i roba de vert qui fut vendua, v lib.

Item i diamant;

Item i emerauda ;

Item ii bericlos (2);

Item ii aquetes (3) ;

Item ii coreies de seia ferers d'argent (4) ;

Item iii garlandes (5), i bona et ii petites ;

Item iiii borses de seia ;

Item v anex d'or ;

Item i safis longet asis en argent et bun por enflours (6).

(1) *De pers*, couleur d'un bleu foncé.

(2) *Bericlos*, bérils, pierres précieuses de couleur d'eau de mer : Berylli lapidem liquidum glaucique coloris. Per loca que tendunt Asianae ad mœnia Petrae. (*Priscien, Périégèse*).

(3) *Aquetes*, agathes ?

(4) Deux ceintures de soie ferrées d'argent.

(5) *Garlandes*, à proprement parler : guirlandes, couronnes. Il s'agit très probablement de coiffes richement ornées de rubans ou brodées.

(6) « Un saphir oblong monté en argent et bon pour les enflures. » — On sait qu'au Moyen Age toutes les pierres précieuses avaient des vertus particulières.

L'an M IIIᶜ XVIII, la diomeini après festa senti Quatelina (1), naquit mos fiuz Guillames en la bon ura. El defalit en la quareima après.

L'an M IIIᶜ et XVIIII, lo luns d'avan festa senti Quatelina (2), naquit mos fius Honbers en la bon ura.

L'an de M IIIᶜ XIX, la velli de festa Notre-Dama-d'Avens, qui fut lo vendros (3), naquit ma suers Marieta en la bon ura.

L'an de M et IIIᶜ XXI, la velli de l'Aparisiun (4), qui fut lo luns, naquit ma filli Tevena en la boñ ura, et defenit el meis de Ot ensegant el plaizir de Notron-Seinur.

L'an de M et IIIᶜ et XXII, lo mars sanz (5), quai fut el XXII jors de Mars, naquit ma filli Raimonda en la bonura, et fut mos conpares Hugones de La Vergi (6) et mos seners Aymonins et Jaquemes

(1) C'est-à-dire le 26 novembre 1318.

(2) C'est-à-dire le 19 novembre 1319.

(3) C'est-à-dire le vendredi de l'Avent, veille de la fête de la Conception de la Sainte-Vierge, 7 décembre 1319.

(4) C'est-à-dire de l'Epiphanie ou des Rois.

(5) *Lo mars sans*, le mardi saint.

(6) Cet Hugonet de la Verge était un des notables de la ville de Lyon en 1336. (V. Cartulaire municipal, p. 145).

Varey? et Juhanins de Mallia, et moseros et Juhanes Torveiuns; et fut comare ma dena Raimonda et Juhaneta Bezan, sa filli, et Juhaneta, li mulliers Guillermun Fornier (1).

L'an de Notront-Segnur M IIIe et XXIIII, lo vendros d'avan la festa senti Katelina que ai fut festa san Clément, el XXII jors de Novenbro, naquit ma filli Bonamurs en la bon ura, et fut mos conpares Perenins Chamosins (2) et dunet I petit flurin, et Juhanins Raimons (3) et dunet I anel d'or, et Guillames Bauduins et dunet I anel d'or, et Bertolomeus del Puey et duniet I petit flurin d'or; et fut ma quomare ma tanta Perenella, muliers Juhanet Guifrei (4), et Si-

(1) Ce Guillermon Fornier, qui comptait déjà en 1336 parmi les notables de Lyon, fut en 1352 élu conseiller de la Ville. (V. ibid. p. 145 et 456).

(2) Pierre Chamossin, bourgeois, puis consul de Lyon est mentionné plusieurs fois dans le cartulaire d'Etienne de Villeneuve. (V. ibid. pp. 177-181 307-311).

(3) Jean Raymond figure au nombre des syndycs de la ville de Lyon qui donnèrent, le 13 juin 1320, pouvoir à Jean du Puits et à Vincent d'Anse de ratifier, au nom des habitants, le traité conclu au mois d'avril précédent entre le roi de France, l'archevêque de Lyon et le chapitre métropolitain. (V. ibid. p. 71). Il possédait en commun avec Pierre Chamossin le droit de vérifier les mesures du vin qui se vendait au détail dans la Ville. (Ibid. pp. 177-181, 307-311).

(4) Ce Johannet Guifrei est mentionné comme témoin en 1331 dans le Cartulaire d'Etienne de Villeneuve. (Ibid. p. 175).

monda et dunet ɪ flurin d'or, et li mulier Te-
venet Chatelvel (1).

Et fut sevelia el meis de Mai ᴍ ɪɪɪᶜ xxvɪɪɪ.

Lo mars après me-quareima se voiiet ma muliers Quatelina à mon segnur san Juhan de Vendat (2), et li utreiet, tan com il vivrit, ɪɪ tornois
petis tos los ans sus son chia por ɪ veis. ᴍ ɪɪɪᶜ xxɪɪɪ.

L'an de Notron-Segnur ᴍ ɪɪɪᶜ xxɪɪɪɪ, lo vendros
aprers la Tosanz (3), fut sevelia ma dona Bonamurs, cui Deus perdunt par sa grasi. Amen.

So sont les parties dou garniment mi don Bonamur, cui Dieus perdunt. Ament :
    Premeriment ɪɪɪɪ cutrers et ɪɪɪɪ cusinz ;
    Item ɪx lenseuz et ɪ tapis ;
    Item ɪɪɪɪ cuverturs, ɪ fora de cunieus et ɪ fora
de bichez et ɪɪ de chivrors (4) ;
    Item ɪɪɪ vannes (5) ;

(1) Tiévent ou Etienne Châteauvieux fut élu consul de Lyon
en 1352. (Ibid. p. 456).
(2) S'agit-il ici de Vendat, canton d'Escurolles, arrondissement de Gannat (Allier)?
(3) C'est-à-dire le 2 novembre 1324.
(4) *Fora de cunieux, de biches, de chivrors*, dont une fourrée
de peaux de lapins, et les autres de biches, de chevreaux.
(5) *Vannes*, grandes couvertures enveloppant le lit.

Item ii échanz (1) ;
Item iii archez de noier ;
Item i petita trabla de noier ;
Item viii aunes de teila ;
Item i petita cunchi qui fut Nicolas lo Favro ;
Item ii ules, i petita et i grant ;
Item i quasi friouri (2) ;
Item i pot d'étaint d'un quarterun ;
Item iii écuelles et iii grailuns de paitro (3) ;
Item i simaizi (4) de quart et dime ;
Item i ato de fer (5).

So sont les parties que Tevenins, mos frares, a eu que jo ai la meitia :
Item i vanna de sendar (6) ;
Item i civorei (7) fera d'argent ;

(1) *ii échanz*, deux bois de lit ?

(2) *Quasi friouri*, poêle à frire.

(3) *iii grailuns de paitro*, 3 plats de peautre, c'est-à-dire d'un mélange d'étain et de plomb.

(4) Simaise, mesure de vin. Ducange, *verbo* Simasia.

(5) Le mot ato est usité encore dans le patois du Bugey ; il désigne une sorte de levier, une barre de fer pour tisonner le feu.

(6) *Vanna de sendar*, couvre-lit de cendal, par conséquent de soie.

(7) *Civorei fera d'argent*, peut-être un verre à boire monté sur argent ? de l'italien civorio, synonyme de ciborio.

Item xx anex tan grans tan petis ;
Item vi lenges de sarpent (1) ;
Item..... (2).

Lo jor de festa Notre-Dama-de-Setenbro M
III^c et xxviii naquit ma filli Yzabex en la bon ura,
et fut mos conpares Guillames Bauduins et donet
I flurin, et Micheles Baraus et donet x gélines ; et
fut ma comare Hodeta de Fuer et donet I flurin,
et Perenella, li muliers Jaquemet Bararl et donet
I obole d'or et I borsa, et Isabex et donet I obole
d'or, et li muliers Juhanet Torveiun et donet
I obole d'or.

L'an de Notron-Segnur M III^c XL, lo vendros
en que fut li velli de la Mondeleina (3), naquit
mos fius Aymonins en la bon ura, et fut conpares
mos fius Honbers, et comare ma dona Jaquemeta
et li Tomasa. Item fut sevelis la velli de la Mondeleina l'an M III^c XLI.

L'an de Notron-Segnur M III^c XLI, lo XI jor

(1) V. le Glossaire de M. de Laborde au mot Serpent. Sorte
de petit instrument pour essayer les mets ; ne serait-ce point
aussi un bijou servant d'amulette ? V. Bibl. de l'Ecole des
Chartes, année 1882, p. 3o8.
(2) Cet article est resté en blanc.
(3) C'est-à-dire le 21 juillet 1340.

del meis de Desenbro, fut sevelis mos uncles Tevenins del Puei, cui Des perdunt. Ament.

L'an de Notron-Segnur м ш^c et xlii, lo... jor
de Genver, et fut lo jos d'avan la Chandeluza (1),
fut epuza, en la bon ura, ma filli Raimonda à
Guillame Merlet, à Bellavilla (2).

. . . .

ma filli Raimonda à Guillame Merlet de Bellavilla, et resevit les letres Tevenes Marchis, et
furon epus lo jos aprers la Chandeluza м ш^c xlii ;
et li donet-t-un de marrajo xxx lib. de gros, 1 flurin por xii gros, et jo x lib. de gros, 1 flurin por
xii gros.

So sont les mesiuns que jo ai fait por les noses :
Item, por 1 lib. de confit, xv s. v. ;
Item, por vi perdrirs, xxvii s. v. ;
Item, por ii vacherins (3) xviii, s. v. ;
Item, por ii lib. de chandeiles de siri, xviii s.
v. ;
Item, por lo charetun, por iiii jors, lx s. v. ;
Item, por vii valés, xxxv s. v. ;

(1) C'est-à-dire le 3o janvier 1342.
(2) Belleville-sur-Saône, arrondissement de Villefranche
(Rhône).
(3) Sorte de gâteau à la crême et très sucré.

Item, por les chauses dou minguo et de la sirventa, xxix sous v. ;

Item, por lo cuderer qui fit les robes, lx s. ;

Item, por v aunes de quarlata, xv flurins ;

Item, por v aunes de quamelin de Bruisella (1), vii flurins et dime, soet xviii gros por auna — (Preis chez Bartholomeù Lovito (2) ; — paia xxii flurins, rette vi gros. — Paia vi gros.) ;

Item, por lo retondre, xl s. v. ;

Item, i flurin por etreina à Guillame, lo vendros matin ;

Item, xv s. por Gaim lo menetrier et roba ;

Item, por lo Beguin xv s. v. et roba ;

Item, xxii flurins à Andrevet Noiel por ii penes de gros vair (3) et por vi ermins (4); paia xxi flurin et iii gros, lo jos d'avan festa seinti Quatelina m iii^c xliii ;

Item, lo mercros arseir, à Villa Franchi, por paim, et por vin, et por cher, et por peisun, et por bella chera, et por chandeiles et por l'abergyajo

(1) *Quamelin de Bruisella,* étoffe de couleur brune fabriquée à Bruxelles.

(2) Barthélemy Le Viste, marchand drapier, était censul de Lyon en 1340 (V. Cart. Municipal, p. 482).

(3) *II penes de gros vair,* deux pannes de gros vair, c'est-à-dire deux pièces d'une fourrure formée de peaux de diverses nuances cousues ensemble.

(4) *VI ermins,* six peaux d'hermines.

de XLIX chavaus, IIII s. t. lo chaval, som. XVII lib. et XVIII de t. ;

Item, lo vendros à matin, à Bellavilla, por la repaisua de XXXVII chavaus, LXXIIII s. t. ;

Item, por la gizua d'Ansa (1), por peisun, XXXV s.

Item, por le tralajo (2), XLII s. v.

Item por VIII ras d'aveina à la mezur de Chazei (3), XL s. ;

Item, à Burzieu, XI s. v. ;

Paia à Guillame Merlet de Bella Villa c flurins d'or, le XI jor de Setenbro M IIIᶜ XLIII ; de so deit rendre letra à Juhans de ¡Gongia, et los resit à Chalun (4) ;

Item, li a mes paia mos sires Aymonins del Puey (5) XXX flurins dou peis cumunal, la velli da Nua M IIIᶜ XLIII, et en deit rendre letra Juhans Normans ;

(1) *La giẓua d'Ansa*, le gît pris à Anse, la couchée.
(2) Ne pourrait-on pas aussi lire ce mot *l'étralajo ?* Dans les deux cas, du reste, il a le sens de voyage, frais de voyage.
(3) Chazay-d'Azergues, près d'Anse (Rhône).
(4) Chalon-sur-Saône (Saône-et-Loire).
(5) Cet Aymonin du Puy qui figure parmi les notables de Lyon en 1320 et 1334 (V. Cart. Municipal, pp. 71 et 128) était probablement l'aïeul de la femme de Guillaume Merlet et le père de Jaquemin, l'auteur du *Livre de raison*.

Item, mes paia à Guillame Merlet LXX flurins, lo XVI jor d'Avirl M IIIᶜ XLIIII ; de so deit faire letra Guillames Besunz, et li nota et en mon paper ;

Item, mes paia à Guillame Merlet C flurins d'or que li delivret Juhanes Torveiuns en la feiri de Chalun ;

Item, a mes reset lidis Guillames de mei Jaquemin atros C flurins ; de setos CC flurins doit rendre letra Peros Girerdins (1).

L'an de Notron-Segnur M IIIᶜ XLII, lo sandos de So Nesent (2), qui fut lo XXIX jor de mars, modiet (3) mos fius Honbers por faire lo viajo à monsegnur San Jaquemo de Gualisi (4) ; aliet avoi lui Bartolomeus del Puei et Juhanins Pansus (5) et Honbers Noiex et Andreus Buflas et Guillermes Favres.

(1) Ce Pierre Girardin fut désigné comme conseiller de la ville de Lyon par les maîtres de métiers, le 18 décembre 1355 (V. ibid. p. 462).

(2) *Lo sandos de so Nesent*, problablement le samedi de Saint-Nizier, c'est-à-dire avant la fête de Saint-Nizier, qui est le 2 Avril. En 1342 le 2 avril était un mardi, et le samedi précédent tombait le 3o mars, veille de Pàques et non pas le 29. Ce ne serait donc qu'une erreur d'un jour.

(3) *Modiet*, partit.

(4) Saint-Jacques de Compostelle en Espagne (Galice), Santiago.

(5) Ce Jean Pansus, drapier, était consul de Lyon en 134o. V. Cartulaire Municipal, p. 452).

So sont les mesiuns que jo ai fait por lo viajo desus-dit :

Item por ɪ sella, ʟ sous tournois ;

Item por sos etivex (1) et por ɪɪ pairi de solars, ʟ s. t. ;

Item por los solars dou valet, xxɪɪɪɪ s. t. ;

Item por ɪ curtapia et por unes chauses et por ɪ chapirun ʟ s. t. Por lo valet. ;

Item li ai balli por faire sos depeins doudit viajo ʟ lib. tournois, valont xx flurins d'or ;

Item xxv s. t. por la fasun de sa roba ;

— Item por ferar los ɪɪ ronsins, xv s ;

Item vɪɪɪ gros por la pena de son sicicot ? que el prit d'Andrevet Noiel ;

Item por lo selairo d'Andreu Lamuricoiti, son valet, ʟx s. ;

Paia à Andreu xx s. v.; paia mes, xx s. v. quan el fut venus ;

Paia mes à Andreu xʟ s. v., entre ɪɪ veis.

(1) Etivex, bottes ou bottines.

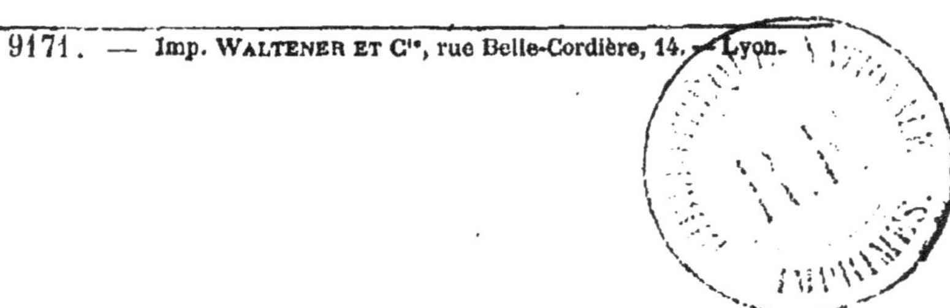

9171. — Imp. WALTENER ET Cⁱᵉ, rue Belle-Cordière, 14, Lyon.